20338

L_m^{27} 90338

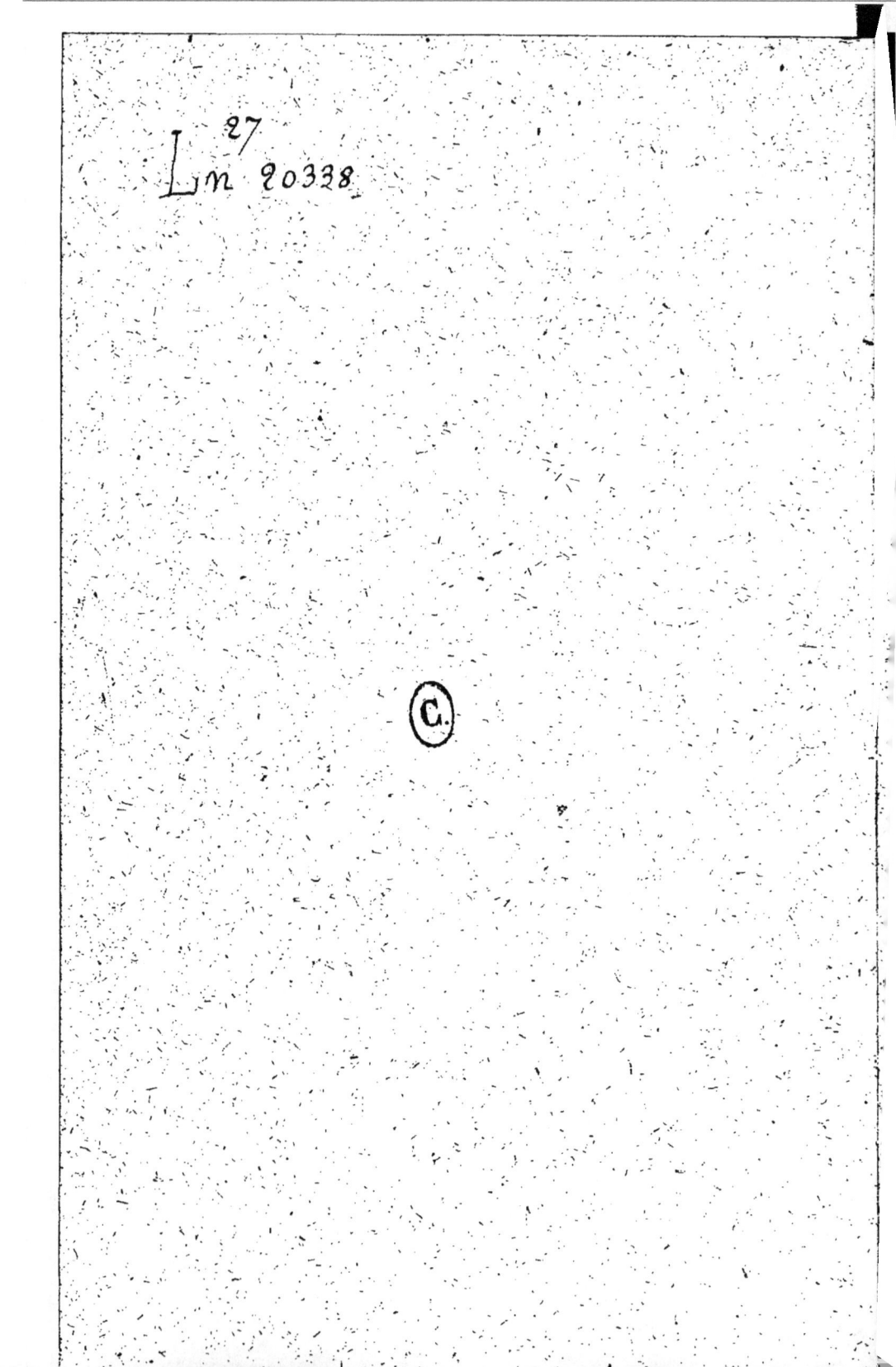

LE
THEOPHILE
REFORME.

M. DC. XXIII.

LE THEOPHILE REFORMÉ.

O SIECLE miserable, pire cent fois que celuy de nos ayeulx, & qui doit engendrer apres nous vn temps plus peruers, où sont helas descheus les hommes de leur premiere dignité, en quel funeste malheur sommes nous reduits?

Est-il possible, ô souuerain moteur des astres, sous le gouuernement de qui se meuuent & s'entretiennent toutes les choses d'icy bas, est-il possible, dis-ie, que vostre bras inuincible ne s'arme de feux & de flammes pour renuerser l'vniuers de fonds en comble, & le rendre derechef en son premier chaos?

Toutes les creatures, bien que priuées de la raison de laquelle l'homme se va glorifiant, chantant à qui mieux mieux la gloire de ce grand Monarque: Les bontez les plus stupides, & les pierres mesmes insensibles semblent auoir quelque sentiment de ses œuures, & reuerer son nom. L'homme seul apres tant de graces receües de ceste infinie

A ij

bonté, comme si sa raison ne luy estoit donnée que pour se mocquer de Dieu, & de ses diuins attributs; se campe glorieux & d'vne posture bravache, semble defier le Ciel, & vomir contre les astres les blasphemes les plus horribles que iamais on ait entendu.

Et nous nourrissons ce venin & ceste poison funeste dans nos propres entrailles, nous l'entretenons dans nos campaignes, & luy permettons de viure licentieusemét parmy nous. O Dieu! en quelle terre allons nous respirants, quel astre malin nous a versé vne telle influence? c'est toy, ô France, qui nourris ces Antropophages, c'est toy qui entretiens ces barbares inhumains, pires milles fois que ceux de la Scitie: c'est toy qui prends plaisir à humer leur pernicieuse doctrine.

Mais que dis je, où m'incitent mes imaginations où s'esgarent mes paroles, où s'esuanoüissent mes sens? Peut estre que c'est à tort que i'accuse ceux que ie dis estre la pepiniere des malheurs de ce siecle. Non, non, poursuis ta pointe genereux Alexandre, Combats courageusement ceste hidre qui a enuenimé toutes les parties de ce royaume, & enfoncé ton discours iusques au plus profód de son cœur, afin qu'il reproue le vray sentier & les traces du Ciel.

On s'imaginera de prime abord, voyant ce traitté que ie m'attaque à Theophile, & que ie suis bien aise de tremper ma plume dans son sang, cela est faux, pourueu que ie cognoisse qu'il se vueille retirer de ses folies, & embrasser de nouuelles doctrines, Ie prie la diuine Cleméce de luy enuoyer ce qu'il a de meilleur en ses sacrez tresors.

Mais ie parle aux Athées de ce siecle, qui pullulent tous les iours parmy la France & de qui le nom honnit la face du ciel. C'est vous, ô perfides Mirmidons, que i'attaque, & en fin à vostre dam ie vous feray voir que celuy dont vous ignorez, & voulez ignorer le nom, a de la puissance assez pour vous reduire en poudre : & nous autres deurions nous permettre que ces tygres venimeux, que ces pestes contagieuses corrompissent plus long-temps l'Estat? N'y a il point de feux ny de tortures en France pour exterminer ceste racaille, & purger le Royaume d'vne si fatale poison?

Quelque irreligion qu'il y ait eu dans l'vniuers, quelque desordre qu'on eust veu dans le monde, iamais on n'a veu vn solide esprit qui ait soustenu l'Atheisme, le vice est si horrible aux nations mesmes les plus barbares, que le seul penser est capable de faire herisser les cheueux à ceux qui y songent : Et de faict, bien que les Payens ayent esté priuez de la cognoissance du vray Dieu, toutesfois ils ont tiré des consequences infaillibles des effects qu'ils remarquoient iournellement en la nature, qu'il y auoit vn souuerain & premier moteur de qui dependoient toutes les causes secondes. Les Prouinces les moins ciuilisées, & les plus rustiques, ont cogneu cette verité, laquelle est tellement imprimée & grauée en toutes les œuures que Dieu a faites, qu'il n'est besoin que de les regarder, pous conclurre qu'il y a quelque chose de supernaturel en leur composition.

C'est pourquoy si nous voulons parcourir les effets que nous voyons, & môter du centre de la terre iusqu'à la circonference des globes asurez qui nous enuironnent, peut-on remarquer vne seule partie en toute l'estenduë de cette machine ronde qui ne nous tesmoigne qu'il y a vn Dieu?

Voyons les mineraux dans la terre, regardons les veines de l'or comme ce metal se produict, comme peu à peu de Mercure, il est changé en argent, d'argent par succession de temps il se fait or, ne faut-il pas aduoüer qu'il y a vne vertu occulte &

cachée qui agit là dessous? & que comme dit le Poëte:

Spiritus intus agit totámque infusa per artus.

Mens agitat molem & magno se corpore miscet.

Montons plus haut, nous verrons la terre enuironnée de la mer au milieu du monde, balancée de son propre poids dãs le centre de l'vniuers, enrichie de diuers païs, ornée de belles Prouinces, diuersifiée de mille façons, & embellie de toutes sortes de fleurs, de bocages, de montagnes, de rochers, de costes, de riuieres: comment se pourroit-il faire que cette sympathie & proportion fust vn bastir et de fortune, & que cet-ordre que nous remarquons en toute l'estenduë de l'vniuers fust edifié sur les desordre discordant d'vne legere inconstance?

Le flus & reflus qui est dans la mer, & qui a ses heures vient lauer le bord de l'Occean, n'a il point quelque seule cause, & quelque origine cachée, qui nous fait croire qu'il y a vne Diuinité supreme qui a vn Empire general sur tout ce que nous voyons, & pour ce nous esloigner des choses que nous manions tous les iours? Cette puissance interieure qui est dans les plaintes, desquels nous ne pouuons recognoistre l'essence, ne nous fait-elle pas recognoistre qu'il y a vn Dieu, lequel est le premier autheur de toutes les choses crées? Mais les preuues ne sont rien au regard de ce que nous lisons iournellement dans les Cieux.

Ces globes rayonnans, sont les liures où nous pouuons voir en gros caracteres qu'il n'y a rien qui soit créé par accident ou *fortuito*, comme disent les Philosophes, le mouuement du premier ciel qui rauit toutes les autres Spheres apres soy, leur retrogradation, retours proportionnez, circulations, trepidations, rauissemens, & tant de mouuemens estranges que nos yeux remarquent dans ceste voute bleuë, sont les vrayes asseurances & les arguments certains que nous auons de la toutepuissance de l'Autheur de l'vniuers, & parmy toutes ces incertitudes infaillibles & recogneuës pour telles par les Payens mesmes qui n'eurent iamais autre religion que leurs Dieux imaginaires, i'entends trois ou quatre ieunes frippons qui sont dans la Pomme de pin à se traitter le corps à deux pistoles pour teste, lequel par vne meschanceté perfide, disent que tout le monde n'est basty que sur les arrests du destin, & que la fortune s'est renduë vniuerselle protectrice de l'vniuers qu'il

www.ingramcontent.com/pod-product-compliance
Lightning Source LLC
Chambersburg PA
CBHW070541050426
42451CB00013B/3116